Eu Amo Minha Mamãe
Я ЛЮБЛЮ СВОЮ МАМУ

Shelley Admont
Ilustrações de Sonal Goyal e Sumit Sakhuja

www.kidkiddos.com

support@kidkiddos.com

First edition, 2019

Translated from English by Mariia Fonrabe (Russian)
and Roberta Guimarães de Souza (Portuguese)
Traduzido do inglês por Roberta Guimarães de Souza
Перевела на русский Мария Фонрабе

Library and Archives Canada Cataloguing in Publication
I Love My Mom (Portuguese Russian Bilingual Edition)/ Shelley Admont
ISBN: 978-1-5259-1081-4 paperback
ISBN: 978-1-5259-1082-1 hardcover
ISBN: 978-1-5259-1080-7 eBook

Please note that the Portuguese and Russian versions of the story have been written to be as close as possible. However, in some cases they differ in order to accommodate nuances and fluidity of each language.

Although the author and the publisher have made every effort to ensure the accuracy and completeness of information contained in this book, we assume no responsibility for errors, inaccuracies, omission, inconsistency, or consequences from such information.

KidKiddos Books

Para aqueles que mais amo–S.A.

Моим любимым–S.A.

Amanhã será o aniversário da mamãe. O coelhinho Jimmy e seus dois irmãos mais velhos estavam cochichando em seu quarto.

Завтра у мамы день рождения. Накануне маленький зайчик Джимми и два его старших брата шептались в своей комнате.

"Vamos pensar," disse o irmão mais velho. "O presente para mamãe deve ser muito especial."

— Давайте подумаем, — ответил старший брат. — Подарок для мамочки должен быть каким-то особенным!

"Jimmy, você sempre tem boas ideias," lembrou o irmão do meio. "O que você acha?"

— Джимми, у тебя всегда бывают хорошие идеи, — добавил средний брат. — Что скажешь?

"Hum…" disse Jimmy, pensando concentrado. "Posso dar a ela o meu brinquedo preferido — meu trem!", exclamou, de repente. Ele retirou o trem da caixa de brinquedos e mostrou aos seus irmãos.

— Хмм… — Джимми призадумался. — Я могу подарить ей свою любимую игрушку — мой поезд! Он взял поезд из коробки с игрушками и показал его братьям.

"Não acho que a mamãe queira o seu trem," disse o irmão mais velho. "Nós precisamos de outra ideia. Algo de que ela realmente irá gostar."

— Не думаю, что мама захочет получить в подарок твой поезд, — возразил старший брат. — Давайте придумаем что-нибудь другое. Что-то, что ей по-настоящему понравится.

"Podemos lhe dar um livro," o irmão do meio gritou feliz.

— Я знаю! — радостно воскликнул средний зайчонок. — Мы можем подарить ей книгу.

"Um livro? É o presente perfeito para Mamãe," respondeu o irmão mais velho.

— Книгу? Это отличный подарок для мамы! — ответил старший.

"Sim, podemos dar para ela o meu livro preferido," disse o irmão do meio, aproximando-se da estante.

— Можем подарить ей мою любимую книгу, — предложил средний брат и подошёл к книжной полке.

"Mas a Mamãe gosta de livros de mistério," disse Jimmy triste, "e esse livro é para crianças."

— Эта книжка для детей, — грустно сказал Джимми. — А мама любит детективы.

"Acho que você está certo," concordou o irmão do meio. "O que devemos fazer?"

— Ты прав, — согласился средний брат.

— Что же нам делать?

Os três irmãos coelhinhos estavam sentados pensando em silêncio, até que o irmão mais velho disse, "Só consigo pensar em uma coisa. Algo que nós mesmos podemos fazer, como um cartão."

Трое зайчат сидели в тишине и думали. Наконец старший сказал:
— Есть лишь одна вещь, которая приходит мне на ум. Что-то такое, что мы можем сделать сами, например открытку.

"Podemos desenhar milhões e milhões de corações," disse o irmão do meio.

— Нарисуем целый миллион сердечек, — сказал средний братишка.

"E dizer a Mamãe o quanto nós a amamos," completou o irmão mais velho.

— И напишем маме, как сильно мы её любим, — добавил старший.

Eles ficaram muito animados e logo começaram a trabalhar.

Они были очень довольны своим планом и быстро принялись за дело.

Os três coelhinhos trabalharam duro. Eles cortaram e colaram, dobraram e pintaram. Jimmy e seu irmão do meio desenharam corações e beijos.

Все трое усердно трудились. Они вырезали и клеили, складывали и раскрашивали. Джимми и средний брат рисовали сердечки.

Então, o irmão mais velho escreveu em letras grandes:

А старший зайчонок написал крупными буквами:

"Feliz aniversário, Mamãe! Nós te amamos taaaaaaanto. Seus filhos."

«С днём рождения, мамочка! Мы тебя оооооооочень любим! Твои дети».

Finalmente, o cartão estava pronto. Jimmy sorriu.

Наконец открытка была готова. Джимми улыбнулся.

"Tenho certeza de que a Mamãe vai gostar," ele disse, limpando as mãos sujas nas calças.

— Я уверен, что маме очень понравится, — сказал он, вытирая грязные лапки о штаны.

"Jimmy, o que você está fazendo?" gritou o irmão mais velho. "Não vê que suas mãos estão sujas de tinta e cola?"

— Джимми, что ты делаешь? — закричал на него старший брат. — Ты же весь перепачкался краской и клеем!

"Oh, oh..." disse Jimmy. "Não tinha notado. Desculpe!"

— Ой-ой-ой... — огорчился Джимми. — Я и не заметил. Прости!

"Agora a Mamãe vai ter que lavar roupas no seu próprio aniversário," concluiu o irmão mais velho, seriamente olhando para Jimmy.

— Теперь маме придется стирать в её собственный день рождения, — сказал старший брат, строго глядя на Джимми.

"De jeito nenhum!" exclamou Jimmy. "Eu mesmo irei lavar minhas calças."

— Ну уж нет! Я сам постираю! — воскликнул Джимми и направился в ванную.

Juntos, eles lavaram toda a tinta e cola das calças de Jimmy e as puseram para secar.

Вместе они отстирали всю краску и клей от штанишек Джимми и повесили их сушиться.

No caminho de volta para o quarto, Jimmy deu uma olhada em direção à sala de estar e viu que a Mamãe estava lá.

На обратном пути в свою комнату Джимми заглянул в гостиную и увидел там маму.

 "Vejam, a Mamãe está dormindo no sofá," cochichou Jimmy para seus irmãos.

— Посмотрите, мама спит на диване, — прошептал он братьям.

"Vou buscar meu cobertor," disse o irmão mais velho, correndo para o quarto.

— Я принесу одеяло, — предложил старший и побежал в свою комнату.

Jimmy ficou de pé olhando a Mamãe dormindo. Naquele momento ele percebeu qual seria o presente perfeito para ela. Ele sorriu.

Джимми стоял и смотрел на спящую маму. В этот момент он понял, каким будет самый лучший подарок для неё. Он улыбнулся.

"Eu tenho uma ideia!" disse Jimmy, quando seu irmão mais velho voltou com o cobertor.

— У меня есть идея! — сказал Джимми, когда старший брат вернулся с одеялом.

Ele cochichou alguma coisa para seus irmãos e os três coelhinhos, com grandes sorrisos, concordaram com a cabeça.

Он кое-что прошептал братьям, и все трое зайчат радостно закивали головами.

Sem fazer barulho, eles se aproximaram do sofá e cobriram a Mamãe com o cobertor.

Они тихонечко подошли к дивану и накрыли маму одеялом.

Cada um deles a beijou suavemente e sussurraram, "Nós te amamos, Mamãe."

Каждый из них поцеловал её и прошептал:
— Мы любим тебя, мамочка.

A mamãe abriu os olhos. "Oh, eu também amo vocês," ela disse, sorrindo e abraçando seus filhos.

Мама открыла глаза.
— Я вас тоже люблю, — сказала она, улыбнулась и обняла своих сыновей.

Na manhã seguinte, os três irmãos coelhinhos acordaram bem cedo para preparar o presente surpresa para a Mamãe.

На следующее утро трое зайчат проснулись очень рано, чтобы подготовить свой секретный подарок для мамы.

Eles escovaram os dentes, arrumaram as camas perfeitamente e asseguraram-se de que todos os brinquedos estivessem no lugar.

Они почистили зубы, красиво заправили кроватки и разложили все игрушки по местам.

Depois, eles foram para a sala de estar tirar a poeira e lavar o chão.

После этого они вытерли пыль и вымыли пол в гостиной.

Em seguida, eles entraram na cozinha. "Vou preparar as torradas preferidas da Mamãe com geleia de morango," disse o irmão mais velho, "e você, Jimmy, pode fazer um suco de laranja fresquinho para ela."

Потом зайчата пошли на кухню.
— Я приготовлю мамины любимые тосты с клубничным джемом, — сказал старший брат. — А ты, Джимми, можешь сделать свежий апельсиновый сок.

"Vou trazer algumas flores do jardim," disse o irmão do meio, saindo pela porta.

— А я принесу цветов! — предложил средний братишка и побежал в сад.

Quando o café da manhã ficou pronto, os coelhinhos lavaram todos os pratos e decoraram a cozinha com flores e balões.

Когда завтрак был готов, зайчата вымыли посуду и украсили кухню цветами и воздушными шариками.

Os irmãos coelhinhos entraram alegres no quarto da Mamãe e do Papai trazendo o cartão de aniversário, as flores e o café da manhã fresquinho.

Счастливые зайчата вошли в спальню к маме. Они несли свои подарки: поздравительную открытку, цветы и поднос с завтраком.

A Mamãe estava sentada na cama. Ela sorriu quando escutou os filhos cantando "Feliz Aniversário" enquanto entravam no quarto.

Мама сидела на кровати и улыбалась. Зайчата спели ей «С днём рожденья тебя!» и вручили подарки.

"Nós a amamos, Mamãe," gritaram todos juntos.

— Мы любим тебя, мамочка! — прокричали они все вместе.

"Amo todos vocês também," disse a Mamãe, beijando seus filhos. "Esse é o melhor aniversário de todos!"

— Я тоже вас всех люблю, — сказала мама и расцеловала зайчат. — Это мой самый лучший день рождения!

"Você ainda não viu tudo," disse Jimmy, piscando para os irmãos. "Você deveria dar uma olhada na cozinha e na sala!"

— Это ещё не всё, — сказал Джимми, подмигнув братьям. — В гостиной и кухне тебя тоже ждёт сюрприз!

www.ingramcontent.com/pod-product-compliance
Lightning Source LLC
Chambersburg PA
CBHW040252100426

42811CB00011B/1235